Franz Sintenis

Briefe von Goethe, Schiller, Wielan, Kant, Böttiger, Dyk und Falk an Karl Morgenstern

Franz Sintenis

Briefe von Goethe, Schiller, Wielan, Kant, Böttiger, Dyk und Falk an Karl Morgenstern

ISBN/EAN: 9783743407053

Hergestellt in Europa, USA, Kanada, Australien, Japan

Cover: Foto ©ninafisch / pixelio.de

Weitere Bücher finden Sie auf **www.hansebooks.com**

Briefe

von

Goethe, Schiller, Wieland, Kant, Böttiger, Dyk und Falk

an

Karl Morgenstern

herausgegeben

von

F. Sintenis.

Dorpat.

W. Gläsers Verlag.

1875.

Von der Censur gestattet.
Dorpat, den 9. December 1874.

Druck von W. Gläser in Dorpat 1874.

Meinem geliebten Vater

zum 21. Januar 1875.

Die hier mitgetheilten Briefe und Briefstellen stammen aus der weitläufigen Correspondenz K. Morgensterns. Derselbe hat außer manchem andern handschriftlichen Nachlaſſe 18 Quart= bände, Briefe an ihn enthaltend, der hiesigen Universitätsbibliothek vermacht.

Diese Briefe sind von den verschiedensten Personen ge= schrieben; Morgenstern hat das Geſchick gehabt, in seinem langen Leben, besonders aber in den Jahren vor seiner Einwanderung 1802, mit allen Personen von Bedeutung, welche für seine Be= strebungen Intereſſe haben konnten, bekannt zu werden. Auch hatte er das Glück, alsbald nach seinem erſten literariſchen Auf= treten die Augen der gelehrten Welt auf sich zu ziehen; man versprach sich, wenn man den herzlichen Briefen von F. A. Wolf, Heyne, Eichſtädt, Buttmann, Joh. Müller ꝛc. Glauben ſchenken darf, sehr viel von ihm; auch die hier mitgetheilten Zuschriften von Goethe, Schiller, Kant und Wieland bezeugen diese Thatsache. Ich weiß wohl, daß die nachfolgenden Briefe nichts wesentlich Neues enthalten; aber ich meine, daß sie doch einiges Interesse beanspruchen können.

Nach welchen Grundsätzen sie ausgewählt sind, wird jeder Kundige leicht erkennen; auch wird man nicht ungern sehen, daß die vom Herrn Verleger in der Dörptschen Zeitung vor mehreren Jahren abgedruckten Briefe Goethes und der Seinigen hier wiederholt sind. Die bezüglichen Zeitungsnummern waren schon vergriffen, als Hirzels Neuestes Verzeichnis einer Goethe-Bibliothek vom August 1874 hierher gelangte.

Schließlich sind aus Morgensterns Tagebüchern Reiseberichte verwandten Inhalts mitgetheilt, welche immerhin bekannt zu werden verdienen.

Dorpat, den 8. December 1874.

Der Herausgeber.

1.

Goethe an Morgenstern.

Weimar, den 18. Juni 1795.

Die Schrift, die Sie mir gefällig mittheilten, erhielt ich zu eben der Zeit, als Herr Professor Wolf sich bei uns befand und lernte also zu gleicher Zeit diesen trefflichen Mann und seinen würdigen Schüler kennen. Ich danke Ihnen recht sehr für das übersandte Buch, das mir eine angenehme und belehrende Unterhaltung gegeben und zugleich eine weite Aussicht auf das, was wir von Ihnen zu erwarten haben, eröffnet hat.

Ich wünsche Ihnen eine dauerhafte Gesundheit um dasjenige ausführen zu können, wozu Sie uns Hoffnung machen.

Goethe.

2.

Schiller an Morgenstern.

Jena, den 9. Juli 1795.

Ich bin beschämt über meine Nachlässigkeit, daß ich Ihnen über Ihre gütige Zuschrift und Ihr schönes Geschenk noch nicht meine Dankbarkeit bezeugt habe. Beydes hat mich sehr erfreut, und der Werth des letzteren, welches überal den geistreichen Denker und den treflichen Kenner der Alten zeigt, rechtfertigt den hohen Werth, den ich auf die erstere, und auf die gütige Meinung lege, die Sie mir darin zeigen. Alles Glück das Ihrem entschiedenen Talente gebührt, begleite Sie auf der schönen Bahn, die Sie wandeln. Rechnen Sie dabey auf die lebhafteste Theilnehmung

Ihres

aufrichtigergebenen

F. Schiller.

3.
Kant an Morgenstern.

An Herrn M. Morgenstern in Halle.

Königsberg den 14. August 1795.

Für das Geschenk Ihres Werkes de Platonis republica, welches Sie nicht blos mir, sondern der philosophischen Welt machen, statte ich Ihnen, würdigster Mann! den verbindlichsten Dank ab. — Ich werde daraus viel lernen, vornehmlich auch in Beziehung auf die Stelle pag. 193 und ich glaube an Ihnen den Mann zu finden, der eine Geschichte der Philosophie, nicht nach der Zeitfolge der Bücher, die darin geschrieben worden, sondern nach der natürlichen Gedankenfolge, wie sie sich nach und nach aus der menschlichen Vernunft hat entwickeln müssen, abzufassen im Stande ist, so wie die Elemente derselben in der Kritik d. r. V. aufgestellt werden.

Von Ihrem aufblühenden Genie, dessen Fruchtbarkeit sich in seiner ersten Erscheinung schon so vortheilhaft äußert, läßt sich viel erwarten und auch hoffen, daß die Glücksumstände sein Ge= deyen begünstigen werden; als welches innigst wünscht

Ihr ganz ergebener treuer Diener

J. Kant.

4.
Falk an Morgenstern.

Weimar, Sonntag vor Michaelis [27. September] (1795?)

Lieber Morgenstern.

Wirst Du mir vergeben, daß ich ohne Abschied von Dir zu nehmen Halle verlassen habe, wirst Du es mir verzeihen, daß ich erst jetzt nach einer mehr als achttägigen Abwesenheit an Dich schreibe? Es trieb mich von Halle fort. — — Gute und böse Tage habe ich seitdem verlebt, aber nur von den guten will ich Dir, dem Guten, Rechenschaft ablegen. Goethe hat mich mit all der stillen Liebe und Freundschaft aufgenommen, als ahndete es ihm, daß wir vielleicht Hand in Hand unter den geheiligten Schatten des Helikons lustwandeln dürften. Und Wieland! Wieland! Laß es Dir von Anfang erzählen. Ich erhielt dieser Tage einen Abdruck der Gebete aus dem Göttinger Musenalmanach. Diesen theilte ich Böttger (sic!) mit. Böttger führt mich zu Wieland und spricht von diesem unvollkommenen Versuch mit Begeisterung. Wieland wird neugierig. Böttger muß vorlesen. Mit der gespanntesten Aufmerksamkeit hört Wieland, nur zuweilen unterbricht er den Vorleser durch ein lautes Bravo oder beugt sich bei einem satyrischen Seitenhieb schalkhaft lächelnd über seinen Lehnsessel. — Böttger schließt und Wieland springt auf, umarmt mich wie ein Vater seinen Sohn und spricht über mich das große Wort der Weihe..... Mein Herz war tiefgerührt. Der Enthusiasmus des großen Dichters, die liebenswürdige Heftigkeit, mit der er mich als einen ächten Sohn Apollon's begrüßte, die Innigkeit, mit der er versicherte, seit mehreren Jahren hätte kein deutsches Gedicht diesen Eindruck auf sein Herz und seine Phantasie gemacht. — Ich kann Dir ja das wohl Alles wiedererzählen, Dir, vor dem mein ganzes Herz offen daliegt und der mich auch in dem seinigen ohne Rückhalt lesen läßt und selbst die schwächsten Seiten nicht argwöhnisch verdeckt. „Dies ist, fuhr Wieland fort, wahrer poetischer Geist und selbst die hypercritisirenden jenischen Kritiker wissen dies und werden es eingestehen: Hier ist Gottes Finger! — Der Geist Juvenals ruht zehnfach auf Ihnen, junger Mann. Das ist nicht Nachahmung; sein Geist selbst ist aus seinem Grabe hervor. Hier ist mehr als Boileau. Welch eine Wollust für mich am Abende meines Lebens noch einen jungen Mann zu sehen, der nun nach der herrlichen Reihe großer ausländischer und einheimischer Dichter von Homer und Juvenal an bis auf Bürger und Haller wieder einen ganz eigenen Weg einschlägt und seine eigene Originalität behauptet. Wo ist dies Stück abgedruckt?" — Im Göttinger Musenalmanach. — „Ich beneide den Göttinger Musenalmanach deßhalb. Warum wird mir für meinen Merkur nicht einmal ein desgleichen Stück zu Theil?" — Ich habe ihm eins versprochen. — „Wie haben Sie in diesem durchaus verdorbenen Zeitalter Ihren Geschmack so rein von all dem Firlefanz und Flitterstaat und Ihre Sprache rein von Inversionen und Grammatikalien erhalten?" — Durch die Lectüre Ihrer Schriften. — „Ach, fuhr er fort, es ist eine traurige Zeit; Jungen, die ich noch ohne Hosen gekannt und herumlaufen sah, schreiben an mich und belehren mich, worin das Wesen der Poesie bestehe und daß Märchendichtung gar keine Poesie sei. Wenn ich was lesen will, so muß ich gewöhnlich meinen bestaubten Schulriemen aufschnallen und da etwas hervorlangen. Alles Neue widersteht mir. Da hab' ich jetzt Freund Goethens Meister. Dieser unterhält mich. Hier sind scharfe Umrisse; nur selten daß er seine Darstellung nicht festgreift und mit sicherer Hand durch den Zauber seiner Kunst hinstellt. Es ist wahr, man findet hier keine vorzüglichen Charactere. Der Character der Philine ist — eine H.... Ich kann zwar nicht versichern, ob der Verfasser die Natur genau copirt hat — einige versichern es — ich bin in dieser Art Natur zu wenig bekannt und kenne die Spuren bloß aus den Schriftstellern. Aber man fühlt es, der Character ist wahr und lebendig aus der Natur gegriffen. Nur selten stößt man auf kleine Sprachunrichtigkeiten und selbst die hätte er verwischt, wenn er mir dies Werk so wie manche früheren zur Durchsicht mitzutheilen Zeit gehabt hätte. Er pflegt auf meine Erinnerungen viel Rücksicht zu nehmen." — Nachdem wir noch über Dies und Jenes geschwatzt hatten, gingen wir zusammen in den Park. — Im Park persiflirte er mit vieler Laune die massiven dorischen Säulen, auf die der Herzog mit unsäglichen Kosten ein oder zwei Kämmerchen anlegen läßt. „Diese schrecklichen Steinmassen, diese furchtbare Grundlage und darüber so ein unbedeutendes Gebäude kommt mir grade vor, als ob man eine Schiffsbrücke à la Xerxes schlagen wollte um Krebse zu fangen."

—— — —

5.

Falk an Morgenstern.

[Gotha, November? 1796.]

— — —

Wieland ist bei seinem Hiersein vom ganzen Hofe mit einer
Art von Idolatrie aufgenommen worden. Er hat mit dem regie=
renden Herzog und der Herzogin tête à tête gegessen. Der Herzog
hat ihm sehr viel bewilligt in Rücksicht seines Gutes Osmannstädt.
Er hat ihm sogar ein jährliches Deputat von Wildbrett für seine
Küche festgesetzt u. s. w.

— — —

6.

Falk an Morgenstern.

Weimar im December 1796.

— — Von etwas Anderem. Wieland hat Deine Recension
der Stollbergischen Dialogen in der Bibl. d. sch. Wiss. mit wahrem
Vergnügen gelesen und hat mir aufgetragen, Dir etwas recht
Artiges darüber zu sagen. Ich weiß aber eben nichts Artigers,
als daß W. sie gelesen hat und sie eben so scharf als gründlich,
ebenso gelehrt als human findet und daß Dein Freund dieser
Meinung mit ganzem Herzen beitritt. Goethe und Wieland zu=
sammen zu sehen ist eine wahre Herzenslust. Ich spreche sie
Beide beinah täglich und Goethen fast noch mehr wie Wieland.
Sie sind jetzt enger verbunden wie jemals. Wieland schüchtern,
verlegen, jungfräulich, der von Winkel zu Winkel schleicht, immer
durch Umwege geht und bald nach seiner Schnupftabaksdose, bald
nach seinem Schnupftuch greift, dabei immer im Begriff sich selber
zu verlieren und dagegen Goethe fest, männlich einherschreitend,
die Hände am Leibe etwas steif herunterhängend, zuweilen beinah
so, als ballte er die Fäuste und wollte Männiglich in der Gesell=
schaft zu Boden rennen. So ihr Körper und ihre Seele; ihre

Art zu sein und sich auszudrücken beinahe eben so verschieden. Wieland mit aller Bedachtsamkeit des Alters und einer grenzen= losen Bonhommie immer auf seiner Hut, Alles zum Besten deutend, so ganz seinem gefühlvollen Herzen und seiner zarten Organisation hingegeben, daß er selbst einen Vatermörder entschuldigen würde, weil es ihm unendlich weh thut die Menschheit so unendlich her= untergesunken zu sehen — — kurz ein Mensch, der mit Körper und Seele zugleich, vermöge einer angebornen jungfräulichen Schüchternheit, überall ausweicht und anzustoßen fürchtet, der sich bei einer jeden Hausthür (moralisch und physisch genommen) tief und krumm zusammenbückt, weil er sich für alle zu groß scheint; da hingegen Goethe so prall und grade hinläuft, als wollte er jeden Schlagbaum nieder= oder seinen eigenen Kopf einrennen. Neulich im Club z. B. gerieth Wieland in einen liebenswürdigen, mit etwas Possirlichkeit untermischten Eifer, daß die jungen Leute so viel Thee tränken, da doch Thee offenbar schwäche.

Goethe: (mit aufgehobenem Rockschooß am Ofen stehend und mit vorstrebender Brust sich hin und her bewegend) Da irrst du, Herr Bruder, Thee schwächt.

Wieland: Wieder ein Paradoxon!

G. O ich habe Gründe dafür genug und satt.

W. Um nur mit meinem schwächsten Argument anzufangen —

G. Das thue ja nicht, Herr Bruder, um's Himmels willen nicht. Immer die stärksten voraus. Ich habe mich verzweifelt aus= gerüstet.

W. Also erstlich wirst Du nicht leugnen können, daß trotz aller Deiner Sophisterei aufgekochte Kräuter von schädlicher Natur und laues Wasser —

G. Also der Thee schwächt, willst Du sagen?

W. Ja, doch ich —

G. Also der Thee stärkt, sag' ich.

W. Und schwächt nicht?

G. Stärkt und schwächt.

W. Stärkt und schwächt?

G. Wie jedes Corroborans zu häufig genommen. Man stärkt sich zu sehr.

W. Aber das Gift darin?

G. Es giebt kein Gift.

W. Ein neues Paradoxon!

G. Alles kommt auf die Dosis an. Auch Champagner kann Gift werden.

W. Am Ende wird der Sophist noch gar behaupten, wir stürben nicht.

G. Ei, das lassen wir so bleiben

W. (weggehend) das wird zu toll.

G (ihm nachrufend) Geh nur, Alter! sonst provocire ich auf unsre Unsterblichkeit und Du hast verloren.

Nun vergleiche diese Art zu disputiren psychologisch mit meinen vorigen Behauptungen. Wieland, wenn ihm Goethe so ein Paradoxon in den Weg wirft, stutzt und steht eben so verlegen da, als wenn ihm plötzlich Jemand den Weg verliefe oder Stirn an Stirn mit ihm zusammenstieße. — — — Herder hab ich noch nicht'gesprochen, will auch nicht. Ich sah ihn bei Goethe. Seine breite, pfäffische Sinnlichkeit widersteht mir.

[Morgenstern bemerkt dazu: Falk dachte späterhin, bei genauerer Bekanntschaft, von Herder ganz anders.]

7.

Dyk an Morgenstern.

Leipzig, den 15. Januar 1797.

— — —

Die Almanache auf 97 habe ich große Lust zu übergehen. In allen Journalen liest man so viel davon, daß man es satt bekommt. Dem Falkischen kann ich wenig Geschmack abgewinnen.

— — —

8.

Dyk an Morgenstern.

[Leipzig], den 6. Februar 1797.

— — —

Ist Nicolais herrliche Antwort schon in Halle? Wer mag die Berlocken geschrieben haben? Sollte unser Falk es nicht herausbringen können?

— — —

9.

Böttiger an Morgenstern.

Weimar, den 16. Februar 1797.

— — —

Unser lieber Falk hat mir einen kleinen Verdruß zubereitet. Als er das erstemal hier war, borgte ich ihm ein Manuscript von Goethes Jahrmarkt von Plundersweilern. Offenbar sind einige Ideen in seinen satyrischen Kupfern auf die Kantische Scharlatanerie daraus entlehnt und man sieht mich darum, wie billig, hier scheel an.

— — —

10.

Dyk an Morgenstern.

Leipzig, den 20. April 1797.

— — —

Der Mücken-Almanach ist wohl von Reichardt? Aber von wem sind die Trogalien? von Falk? In letzteren ist ächte poetische Sprache, die im Mücken-Alm. fehlt. Ich könnte auch noch 4—6 Bogen Anti-Xenien liefern. Aber Alles hat seine Zeit!

— — —

11.
Dyk an Morgenstern.
Leipzig, den 25. November 1797.

— — —

Eine Recension von Falks heil. Gräbern zu Kom kommt hinein [in die Bibliothek d. sch. Wiss.], mit der er gewiß zu= frieden sein wird. Sein Almanach liegt nun auf meinem Tische und ich werde Ihnen nächstens darüber schreiben. Ihn sofort anzuzeigen würde Partheilichkeit verrathen, die wir uns nicht zu Schulden dürfen kommen lassen.

Mit den Gegengeschenken an Schiller und Goethe, hoffe ich, werden Sie zufrieden sein.

— — —

12.
Falk an Morgenstern.
Weimar, den 1. März 1793.

Bemerke nur, wie systematisch mein Kopf wird, seitdem ich geheirathet habe. Ich weiß schon Datum und Jahreszahl, und das ist immer ein gutes Zeichen bei einem Poeten! Beinahe fang' ich selbst an zu glauben, daß noch etwas in der Welt aus mir werden wird. Was ich hier treibe? Allerlei. Ich lese jetzt unausgesetzt wieder die Alten, denn die Engländer und Franzosen hab' ich herzlich satt, es ist mir zu viel Manier darin. — Hier und in Jena hat der Muhamedismus sehr gefallen, nächst ihm die Reisen des Scaramuz. — Es freut mich, daß die Umarbei= tung der Helden und der Menschen keine undankbare Arbeit ge= wesen ist. — Die heiligen Gräber kommen auf Ostern. Ich feile hin und her, aber es giebt Fehler, die so in die Grundfäden ver= webt sind, daß man sie nicht herausbringen kann, ohne das ganze Gewebe zu zerreißen. Die Ausbildung zu einem Dichter setzt gar zu viel voraus; den Besten selbst gelingt es nicht immer sie in ihrem ganzen Umfange zu erreichen. Bürger z. B. hat ein bren=

nendes, glühendes Colorit, bei Goethen ist es unscheinbar. Klop=
stock wirft ihm vor, er verstehe die Sprache nicht, und unter uns,
Klopstock hat nicht Unrecht. Voß sagt irgendwo: „Viele Gedanken
sind keines metrischen Ausdrucks fähig, z. B. ruhige Beschreibung
u. s. w. Was also da? lauter gelassene Wortfüße, wie sie von
selbst kommen? (so macht es Goethe). Im Gegentheil: die sorg=
fältigste Auswahl edler und harmonisch zusammengestellter Vers=
füße, die fröhlichste Mischung des Klanges und so mehr, je weniger
sonst der Gedanke belebt werden kann." Alles dieses vernachläßigt
Goethe, ja selbst da, wo man glaubt, der Stoff müßte ihn heben
und tragen, läßt er sich fortschleppen, und wo gar der Stoff ihn
verläßt, wird er so unerträglich kraftlos und matt, daß jeder, der
einen etwas tiefern Blick in das Wesen und in den Bau unserer
Sprache gethan hat, ihn unwillig aus der Hand werfen wird.
— — Aber die Ausführung macht noch nicht allein den Meister,
obgleich sie vielleicht zu ihrer ganzen Vollkommenheit ein halbes
Leben erfordert. — Characterzeichnung, das feste Auge, die feste
Hand, alles dies hat Goethe und auch dies erfordert ein Menschen=
leben. Voß und Goethe in Eins verschmolzen, gäbe einen Homer,
aber unter dem Monde soll nichts vollkommen sein. So viel ist
gewiß, daß Voß troß alledem doch wohl länger leben wird, als
Goethe [?Morgenstern] und wie mich dünkt aus folgenden Gründen
(diese mündlich!) Ein wiederholtes Studium von Voß hat mich
lebendig überzeugt, daß dieser große, bescheidene Mensch noch lange
nicht auf dem Punkt bei uns steht, auf dem er zu stehen verdient.
Alle unsere Prosaiker von Garve und Engel an bis auf Wieland
und Goethe, Klopstock selbst nicht ausgenommen, müssen bei ihm
in die Schule gehen und lernen, was Rhythmik und Periodenbau
heißt, wofür noch gar Niemand im Norden ein Ohr hat. Es
klingt unglaublich, aber es ist wahr. Vossens mythologische Briefe,
ungeachtet des zuweilen gezwungenen Ausdrucks, müssen bei Jedem,
der ein deutscher Prosaiker werden will, auf dem Tische liegen.
Mich ekelt das heisre, partheiische, einseitige Geschrei und Geschwäß
von Leuten, die auf jeder Seite und in jedem Worte zeigen, daß

sie für Alles dies weder Sinn noch Verstand haben. Von Bötti=
ger, Goethe, Herder als Menschen ein Mehreres, wenn Du zu
mir kommst.

— — —

13.

Böttiger an Morgenstern.

[Weimar], den 9. September 1798.

In diesem Augenblicke, wo die Post schon schließt, erhalte
ich noch von unserm ehrwürdigen Vater Wieland folgendes schöne
Brieflein für Sie zugeschickt. Warlich, Sie können etwas stolz
sein auf einen solchen Brief! Wieland schreibt selten und am
seltensten solche Briefe. So schreibt er nur an seine Schwieger=
söhne. Er muß Sie sehr lieb haben. Aber das heißt auch jure
meritoque. Wer Sie auch nur kennen lernte, macht Chorus.
Möchten wir uns doch näher bleiben! Gruß und Freundschaft!
Unwandelbar treu   Ihr
                                                              B.

14.

Wieland an Morgenstern.

Oßmanstädt, den 9. September 1798.

Herzlichen Dank, mein liebenswürdiger Freund, für das
freundschaftliche Briefchen und das litterarische Geschenk, womit
Sie mich vor Ihrer Auswanderung an die Ufer der Ostsee zu
beschenken die Güte hatten. Ich betrachte sie als ein Unterpfand,
daß Sie mich auch in dieser weiten Entfernung nicht vergessen
und mir, so lange ich noch unter den Sterblichen walle, von Zeit
zu Zeit ein lebendiges Wort der Freundschaft über die Berge und
Ebenen, die uns trennen, zurufen werden. Mir haben Sie be=
sonders in den wenigen Augenblicken, da ich Sie bei Ihrer letzten
Anwesenheit in Weimar sprechen, oder vielmehr nur sehen konnte

2

ein unauslöschliches Verlangen Ihnen dem Geist und Körper nach immer nahe zu sein zurückgelassen. Der köstliche kleine Aufsatz über Rafaels Madonna in der Dresdener Gallerie hat meine eignen Gefühle bei dem beatifiquen Anschauen dieser zugleich so himmlischen und rein menschlichen Erscheinung sehr lebhaft und innig wieder aufgeweckt. Wie gewiß es auch ist, daß ein so ge= fühlvoller und dem göttlichen Plato so nahe verwandter Contem= plator wie Sie, er wolle oder wolle nicht, immer viel Subjectives in ein Kunstwerk von dieser sublimen Art hineinlegt, so gesteh ich doch gern, daß die 63 Jahre, die ich hatte, als ich diese Madonna sah, mich noch nicht so abgekühlt hatten, daß ich nicht nahezu eben das bei ihrem Anschauen empfunden und gedacht hätte, was nur Sie, m. Fr., so schön ausdrücken konnten; und wäre mir die Wahl überlassen worden, ob ich Besitzer dieses einzigen Bildes oder mit Ausschluß desselben aller übrigen Schätze jener herrlichen Poikile sein wollte, ich würde mich keinen Augenblick bedacht haben, dieser christlichen Venus Urania das große Opfer zu bringen.

Von dem übersetzten Opusculo des anonymen Schotten habe ich in den wenig Stunden, seit ich es durch Ihre Güte besitze, nur einen Theil von Platons Leben — und Ihren eigenen hinten angefügten mir sehr interessanten Excursus gelesen, ohne welche jenes seichte Geschreibsel des Ungenannten kaum des Druckes werth gewesen wäre. Wie unendlich Viel, mein Theurer, haben Ihnen Alle, die bisher noch über Plato und seine Werke geschrieben haben, noch zu leisten übrig gelassen! Aber es wird auch das Hauptwerk Ihres ganzen Lebens sein, welches der gute Genius der Menschheit Nestors Jahren gleich machen wolle!

Gegen die Aechtheit der Platonischen Epistel habe ich immer große Zweifel gehegt, davon ich noch nicht los werden kann und wovon auch der Siebente nicht ausgenommen ist. Es repugnirt unaufhörlich meinem innersten Gefühl, wenn ich sie lese, zu glauben, daß Plato so gedacht und geschrieben haben könne. Ich habe bei= nahe Lust dieses mein Gefühl künftig einmahl durch eine genaue Analyse des besagten 7. Briefs in einem Stücke des attischen

Muſeums zu rechtfertigen. Doch wünſchte ich, daß Sie noch vor=
her irgend eine müßige Stunde (was wohl ſo bald nicht möglich
ſein wird!) finden möchten, um mir Ihre Gedanken über dieſe
Sache etwas ausführlicher mitzutheilen.

Auch das Problem, welche Dialogen Plato in ſeiner Jugend
(i. e. unter dem 30. Jahr) geſchrieben, wünſchte ich einſt von
Ihnen ſcharf erwogen und aufgelößt zu ſehen. Die Nachrichten
der auf uns gekommenen Biografen der alten Filoſofen ſind ſo
jämmerlich nachläſſig und unkritiſch, daß ſie beinahe gar keinen
Werth in meinen Augen haben. Plato war etwa 28 Jahr alt,
da Sokrates ſtarb: ſollte er ſo jung und unreif ſchon Schriftſteller
zu ſein und ſeinen Lehrer über μετέωρα dogmatiſiren zu laſſen
die Präſumzion gehabt haben? — Ueberhaupt macht es uns der
gänzliche Mangel an chronologiſcher Genauigkeit, woran die Alten
beinahe ohne Ausnahme laboriren, gradezu unmöglich in der Ge=
ſchichte der merkwürdigſten Menſchen jener Zeiten recht klar zu
ſehen; und die Filologen bedenken, dünkt mich, noch immer zu
wenig, wie ſo gar viel auf das distingue tempora ankommt.

Wie manches hätte nur gleich Ihr anonymer Schottländer
ungeſchrieben gelaſſen, wenn er den Unterſchied der Zeiten bedacht
hätte! Wie konnte es ihm z. B. nur im Traum einfallen zu
ſagen Plato habe ſein Vaterland auf dem Gipfel ſeines Ruhms
geſehen und Athen ſei während ſeiner Lebenszeit ziemlich ununter=
brochen ein mächtiger und unabhängiger Staat geweſen? —
Sed haec ἐν παρόδῳ.

Leben Sie wohl, mein liebenswürdiger Freund, und mögen
Sie in Ihrem neuen Aufenthalt reichen Erfolg für Alles, was
Sie verlaſſen, finden. Meinem alten Freunde, dem Prediger
Turner ſagen Sie recht viel Schönes in meinem Nahmen. Sie
werden einen ſehr vorzüglichen, würdigen, gelehrten und braven
Mann an ihm finden. Noch einmahl, leben Sie wohl und ver=
geſſen nicht Ihres Sie herzlich liebenden und ehrenden alten
Freundes

Wieland.

2*

15.

Falk an Morgenstern.

[Weimar im November 1798.]

— — —

Wallensteins Lager wurde hier, wie Du jetzt auch vielleicht schon aus der Welt Munde erfahren haben wirst, vorigen Monat [18. October] mit großem Zulauf ausgeführt. Das Ganze ist eine Einleitung zum Wallenstein und in oft ziemlich drolligen Knittelversen abgefaßt. Ueber 48 Personen sind in Thätigkeit. Für das Gesicht ist das Tableau ganz artig. Das alterthümliche Kostüm (Schiller und Goethe hatten hier zum Glück noch einige Uniformen von schwedischen Dragonern aufgefischt, die hier im dreißigjährigen Kriege vor Weimar erschossen wurden), die brennenden Wachtfeuer, die Soldatenknaben, die schon nach dem Beispiel der Alten auf einer ausgespannten Trommel würfeln, bis sie der Schulmeister fortjagt; ein blinder Musikant; die Marketenderinnen, mit denen die Soldaten tanzen, und dann ein Capuciner, der im Schweiß seines Angesichts die schnurrbärtigen Krieger wegen ihres Sündenlebens vermahnt, ihnen das Gewissen schärft:

Contenti estote,
Begnügt euch mit eurem Kommißbrote!

Alle diese sich auf und ab bewegenden Gestalten vergnügen für einen Augenblick, alsdann ermüdet das Auge, weil dem Ganzen die Haltung eines Kunstwerks, d. h. ein bestimmter Ruhepunkt bei fortschreitender Handlung fehlt. Es scheint für die ästhetischen Schöpfungen das nehmliche Gesetz zu gelten, was für die physischen gilt: Eine ewige Ruhe bei ewiger Bewegung. Der Zweck soll sein, den Zuschauer vorläufig mit den Sitten des Wallensteinschen Kriegsheeres bekannt zu machen: allein auf diese Art, wie Schiller es angefangen hat, könnte es noch statt 2 Stunden 2 Monate, ja zwei Jahre fortspielen, weil im Ganzen zu viel ist, was auf die Schilderung jedes Lagers eben so gut paßt als des Wallensteinschen. Daß außer dem großen Wallenstein noch ein kleiner Piccolomini zum Vorschein gekommen ist, wirst Du auch wohl schon aus den Annoncen wissen. Kein Wunder! Wenn man so wie Schiller Jahre lang über was Großes brütet, daß auch noch am Ende was Kleines an den Tag kommt.

— — —

16.
Falk an Morgenstern.

Weimar, den 9. Januar 1800.

— — —

Vorigen Sommer brachten wir wohl 14 Tage auf Wielands Landgute Osmannstädt zu. Es war gerade Kirmeß und eine Zeit des Wohllebens und der Freude unter den Bauern, die sich jedem Gesichte mittheilte. — Mitten im Dorf, unter einer großen Linde wurde getanzt. Wielands Töchter und meine Frau mit wurden von den rüstigen Bauernburschen wacker auf dem grünen Rasen herumgeschwenkt. Es that mir wohl den ehrwürdigen Wieland zu sehen, wie der edle Greis im hundertjährigen Schatten der Linde dasaß und mit ruhigem Muth als Gutsherr den muntern Burschen Bescheid that, die ihm mit vielen Kratzfüßen einen Stuhl setzten und nach Herkommen ein Glas reichten. Hier kommen wir und unsre Kirmeßgäste doch wieder zusammen, sagte er zu seiner Frau beim Nachhausgehen, als wir an der Ecke des kleinen Dorfkirchhofs [waren], wo der Mond eben über die blauen, bescheidenen Kreuze bald mit hellen, bald mit dunkeln Schatten lief; und in der That will Wieland mitten unter seinen Bauern begraben sein. Sein kindlich frommes Gemüth läßt ihn auch im Leben unter diesen guten Menschen wohl sein. Die Frohn hat er aufgehoben.

— — —

Goethe arbeitet 1) an Mohamed nach Voltaire 2) an einem Gedichte über die Natur der Dinge im Geschmacke des Lutrez und 3) einer Fortsetzung der Iliade. — Hexameter sollte er sich nun am wenigsten einfallen laſſen machen zu wollen, da die ſeinigen volle 40 Jahr veraltet ſind, noch ehe ſie aus der Feder fallen. — Er ſollte blos zeichnen und Colorit und Ausführung Andern über- tragen. Dem Mohamed, dieſem franzöſiſchen Geſpenſt, iſt er be- dacht auf [dem] deutſchen Theater einen Stand in Worten zu geben, denn weiter bringt er es doch mit aller Kunſt nicht. Auch geſchieht es auf hohes Verlangen. Die Emigranten, die unſern Herzog täglich umgeben, machen ein ſolches Verlangen begreiflich. Neugierig bin ich auf den 30. [Januar, der Herzogin Geburtstag]. Da wird er aufgeführt. — — — Schillers beide neueſte Stücke haben bei viel Kraft in der Diction, Schönheit in Bildern und Sprache, d. h. bei viel rhetoriſchem Schmuck eine ſonderliche Ar- muth in der Anlage und eine Inconſequenz in den Characteren, ein unbeſcheidenes Aufdringen des Dichters vom Helden des Stückes bis zum gemeinen Reiter herab, wie man es nur an Schiller gewohnt iſt. Alle Augenblicke rückt er den Katheder hinter den Couliſſen hervor! Auch hat er ſeinen Lohn dahin. Die Zuſchauer haben bei der zweiten Vorſtellung reihenweiſe geſchlafen. Das iſt alſo der hohe kritiſche Leiſten, nach dem er unſere alte und neue Dichterwelt in ſeinen äſthetiſchen Briefen umſchnitzen wollte! Nun wiſſen wir es! — Was Schiller nur andeutet, hat Herr Fr. Schlegel in ſeiner Lucinde ausgeführt und die neue Epoche in unſerer Literatur hat alſo mit dieſem und ſeinem treuen Schild- knappen Ludwig Tyk [sic!] glücklich begonnen.

— — —

17.
Dyk an Morgenſtern.

Leipzig, den 23. October 1801.

— — —

Die Recenſion von Wielands Muſarion in unſerer Bibliothek iſt von Garve.

— — —

Ich mache Sie auf den Roman: die Reise auf den Brocken aufmerksam. Fichte, die Schlegels, De Luc und Consorten spielen darin Rollen. Auf dem Brocken findet jeder sein System und — nichts.

— — —

18.

Eichstädt an Morgenstern.

Jena, den 5 November 1801.

— — —

Jena blüht wieder auf, da Cur= Liv= Esthländer es (sehr zahlreich) wieder besuchen; auch freue ich mich den Sinn für Phi= lologie hier allmählich erwachen zu sehen. Möchten nur die sereniss. Nutritores thätiger dafür sorgen, daß das aufkeimende Gute schneller und gewisser Wurzel faßte!

— — —

19.

Böttiger an Morgenstern.

Weimar, den 1. Mai 1802.

— — —

Vater Wieland arbeitet diesen Winter ungewöhnlich viel, weil er sich nur dadurch den Schatten seiner ihn stets liebreich umgebenden Gattin, deren Verlust für ihn unersetzlich ist, etwas fern halten konnte. Er hat die Liebe zur Wirthschaft verloren, seit seine Wirthin dahin gegangen ist, unde negant redire quemquam. Er will daher nur sein Haus und den Garten behalten. Die Wirthschaftsgebäude und den ganzen andern Flügel nebst Acker und Gehölze will er für 16,000 Thaler verkaufen. Wissen Sie Jemand, der es schätzen könnte, Jahr aus Jahr ein Wielands nächster Thürnachbar auf dem Lande zu sein?

— — —

20.

Dyk an Morgenstern.

Leipzig, den 5. September 1802.

— — —

Die Briefe über Schillers Jungfrau von Orleans sind der Extract von zwischen Manso und mir gewechselten Briefen. Die Recension über Schillers Gedichte ist von Jacobs.

— — —

Anhang.

—

21.
Frau Rath an [Großmann].

Frankfurt, den 17. Juli 1781.

Lieber Herr Gevatter! Habe die 52 Stück Conv. thaler von Herrn Tabors Contor richtig empfangen und danke vor gute Zahlung. Mit den übrigen 500 f. dächte ich so; (:vorausgesetzt daß es Ihnen so behagt:) Herr Tabor gäbe mir zwey Wechsel auf Sich die Hälfte nehmlich 250 f. in der Zweyten Herbstmeß Woche 1781 — den andern in der Zweyten Ostermeß Woche 1782 zahl= bar — den die ganze Summa auf einmahl möchte Herrn Tabor vielleicht nicht gelegen seyn — das machen Sie nun wie Sie's am schicklichsten glauben. — Denn Sie müssen längst überzeugt sein — wie viel Vertrauen ich in Ihnen und Ihren Verstands= Kasten habe. — Haben Sie die Güte mir nur zwey Worte über diesen meinen Vorschlag zu schreiben, damit ich mich darnach richten kan. Ich gebe Ihnen meinen vollkomnen Beyfall, daß Sie die kommende Messe wieder keine Seide gesponnen haben würden — ob's Böhme besser geht, darann zweifle ich sehr, die ersten 8 Tage ja das mag wohl gehen, aber das ewige gesinge und gespringe kriegen meine Lands Leutte zuverläßig bald satt. Ein großer Haupt und Ritterspaß ereignet sich vor jetzo schon — kein Teufel weiß wo Comedie gespielt wird — ergo kann sich auch niemand aboniren — Böhme hat den Sprengkel angenommen und von Bienenthal schwört Stein und Bein, daß er den kerl nicht in seinem Hofe leidet — Bienenthal hat nun auch (:wie Sie wohl wissen:) viele Feinde, die rathen also zu einer bretternen=Hütte —

Meine Schauspiel Gesellschafterin die Bettmännin ist in Embs —
Sie hat mir aufgetragen unsere bekannte Loge am Kopf zu kriegen
— nun sitze ich wie's Kind bey Dreck (: mit Respect zu sagen :)
niemand weiß wer Koch oder Keller ist — Was mich am meisten
gaudirt ist, daß Bienenthal gar nicht hier sondern in Zweybrücken
ist, und erst kurtz vor der Messe zurückkommt — Wenn's Ihnen
Freude macht, mein lieber Herr Gevatter; so sollen Sie allen
spectakel, groß und klein, dick und dinn — gut und böß — von
mir treu fleißig vor gedramatisirt kriegen — denn alle die Zeit
die ich mit Lotte und Hans Wölfgen Ballete getanzt, Ariadne
gespiel[t], kartenhäußer gebaut — will ich diese Messe zum schreiben
anwenden — und da sollen Sie denn (: wie billig :) auch ihren
partikul davon genießen. Aber ums Himmels willen wie ist denn
die Inokulation abgelaufen??? ich hoffe gut — da Sie mir nichts
böses schreiben, Gott gebe es!!! Lotte muß ihr hübsches Gesichtgen
behalten, und ich hoffe noch so lang zu leben, Sie als erste Lieb=
haberin auf dem Theater zu sehen — und Hans Wolf giebt ein
Theseus als noch keiner auf Gottes=Welt war — Grüßen Sie
mir ja diese lieben Geschöppfe — die Frau Gevatterin und De=
moisell Flittner nicht zu vergessen.
Vordiesmahl Gottbefohlen. Ich bin wie immer
Ihre
wahre Freundin C. E. Goethe.

22.
Goethe an Döbereiner.

Herrn Bergrath Döbereiner   Wohlgeboren
Franco   Jena.
Weimar, den 14. März 1816.

Ew. Wohlgeboren
ersuche mir bald möglichst Nachricht zu geben wie
Steinkohlen Theer
bereitet werde? Entweder schriftlich oder daß Sie mir eine Ab=
handlung in Druck darüber senden. Möge mein Vorsatz der Chemie

eine gute Stäte in Jena zu verschaffen ausgeführt werden! Da
Ew. Wohlgeboren eine ruhige und bequeme Lage auf alle Weise
hoffen dürfen   Goethe.

23.

Goethe an   ?

Es bleibt doch immer
dieselbe
geistreiche Caricatur.

G.

24.

Goethe an [Geh. Rath Voigt].

Wollten Ew. Excellenz die Gnade haben beykommend durch
p. Müller oder sonst an die Behörde besorgen zu lassen. Das
an mich gerichtete Schreiben liegt zu genauer Einsicht bey sowie
meine Antwort in Concept.   G.

25.

Ottilie Goethe an Freyherrn von Struve.

Wären Sie unverheirathet oder wüßte ich nicht wie freund=
lich Sie für alle Ihre Angehörigen sind, so würde ich mich sehr
fürchten Sie um etwas zu bitten, was einer Unbescheidenheit sehr
ähnlich sieht, — so aber bin ich überzeugt, daß Sie mir es nicht
übel deuten werden. Ich möchte gern wissen, ob Sie über Berlin
oder Dresden nach Petersburg zurückkehren und ob Sie wohl die
große Güte in beiden Fällen hätten mir ein Päckchen oder Käst=
chen für meine Familie mitzunehmen. Was es enthalten darf,
ob ungesiegelt, von welcher Höhe, Größe, Schwere bitte ich Sie
mir nur ganz bestimmt auszusprechen, denn ich habe immer so

verschiedenartige Wünsche zu befriedigen, daß ich es ganz ein=
richten kann, wie es Ihnen doch am wenigsten unbequem. Haben
Sie schon Nachricht von den Reisenden?

Auf jeden Fall Verzeihung   Ottilie Goethe.

26.
Schiller an seine Schwester Christophine.

C. d. 6. November 1780.

Theuerste Schwester.

Gestern Abend erhalte ich Deinen lieben Brief und eile,
Dich aus Deinen und unserer besten Eltern Besorgnissen über
mein Schicksal zu reissen.

Daß meine völlige Trennung von Vaterland und Familie
nunmehr entschieden ist, würde mir sehr schmerzhaft seyn, wenn
ich sie nicht erwartet, und selbst befördert hätte, wenn ich sie nicht
als die nothwendigste Führung des Himmels betrachten müßte,
welcher mich in meinem Vaterland nicht glücklich machen wollte.
Auch der Himmel ist es, dem wir die Zukunft übergeben, von
dem ihr und ich, Gottlob nur allein, abhängig sind. Ihm
übergebe ich auch, meine Theuren, er erhalte euch vest und stark,
meine Schicksale zu erleben, und mein Glück mit der Zeit mit
mir theilen zu können. Losgerissen aus euren Armen weis ich
keine bessere keine sicherere Niederlage meines theuersten Schazes,
als Gott. Von seinen Händen will ich euch wiederempfangen,
und — das sei die lezte Träne die hier fällt.

Dein Verlangen mich zu Mannheim etabliert zu wissen,
kann nicht mehr erfüllt werden. So wenig es auch im Kreis
meines Glüks läge, dort zu seyn, so gern wollt ich die nähere
Nachbarschaft mit den meinigen vorziehen, und dort Dienste zu
erlangen suchen, wenn mich nicht eine tiefere Bekanntschaft mit
meinen Mannheimischen Freunden für ihre Unterstützung zu stolz
gemacht hätte. Ich schreibe Dir gegenwärtig auf meiner Reise
nach Berlin, wo es mir in mehr als einem Fach nicht fehl=

schlagen kann, wo, nach dem einstimmigen Urtheil Aller Menschen, denen ich meine Umstände vorlegte, mein Glück aufgehoben seyn muß. Auch ist es möglich, daß, wenn mich bedeutende Con=noissancen zu Berlin unterstüzen, ich nach Petersburg gehe. Er=schrik nicht beste Schwester, daß soviel Meilen zwischen euch und mich werden zu liegen kommen. Ihr solt jedes meiner Verhäng=nisse mit mir theilen; ich suche mein Glück eben so sehr für euch als für mich. Innerhalb einiger Jahre, soll, wenn Gott will, kein Schuh breit zwischen uns liegen. Bis dahin wache der Ewige über euch und mich.

Deine zweitnächste Sorgfalt wird ohne Zweifel mein Aus=kommen seyn. Zu Deinem und unserer zärtlichsten Eltern Trost kann ich Dir sagen, daß ich bis izt auch keine Kleinigkeit ent=behren müssen, welche ich zu Stuttgardt gewohnt war. Auch in die Zukunft kann ich zuversichtlich sehen, weil mir meine Arbeiten gut bezahlt werden, und ich fleißig bin. Sobald ich in Berlin bin, kann ich in der ersten Woche auf festes Einkommen rechnen, weil ich vollgültig Empfehlungen an Nicolai habe, der dort gleich=sam der Souverain der Litteratur ist, aber Leute von Kopf sorg=fältig anzieht, mich schon im Voraus schätzt, und einen ungeheuren Einfluß hat, beinah im ganzen teutschen Reich der Gelehrsamkeit. Ich habe keinen andern Gedanken, als mein Glük nur allein durch die Medicin zu machen, und werde suchen innerhalb eines halben Jahres Doctor zu seyn. Da ich durch Sachsen gehe, so habe ich gute addressen an große Gelehrte, auch an Fürsten, wenn ich die leztern benuzen will.

Für meine Schulden können meine Eltern stehen, denn ich hätte bereits schon die Hälfte davon abgetragen, wenn es nicht meine erste Pflicht wäre, zuerst mein Glück zu etabliren. Meinen Schuldnern verschlägt es nichts, ob sie 3 Monat früher oder später bezahlt werden, da die Zinse fortlaufen, mich aber kann das Geld, das ich ihnen izt schicken würde, an den Ort meines Glüks bringen. Das ist eine Billigkeit, die jedermann erkennen muß, und wofür wäre ich denn solang ein rechtschaffener Mann gewesen, wenn mir dieses Prädikat nicht einmal auf ein Viertel= oder Halbjahr Credit machte? Sage dieses den Leuten, so wird alles sich zufrieden geben.

Noch einmal meine inniggeliebte Schwester vertraue auf Gott, der auch der Gott Deines fernen Bruders ist, dem 300 Meilen eine Spanne breit sind, wenn er uns wieder zusammen= gebracht haben will. Grüße unsern besten allertheuersten Vater, und unsere herzlichgeliebte gute Mutter, meine liebe redliche Louise, und unsere kleine gute Nanette. Wenn m e i n Seegen Kraft hat, so wird Gott mit euch seyn. Ein inneres starkes Gefühl spricht laut in meinem Herzen: „ich sehe euch wieder — Vertraut Gott. Es wird kein Haar von uns allen auf die Erde fallen.“

Ich werde zu weich, Schwester und schließe. Wenn Du die Wolzogen sprichst, so mache ihr tausend Empfehlungen. Auch der Verhein[?] empfiehl mich. Ich kann nicht weiter schreiben. Du schreibst mir wie bisher über Mannheim, ewig Dein treuer zärt= licher Bruder   F r i d. S c h i l l e r.

27.

Schiller an Kant.

Jena, den 13. Juni 1794.

Aufgefordert von einer Sie unbegrenzt hochschätzenden Ge= sellschaft lege ich Ew. Wohlgeboren beiliegenden Plan einer neuen Zeitschrift und unsre gemeinschaftliche Bitte vor, dieses Unter= nehmen durch einen wenn auch noch so kleinen Antheil befördern zu helfen. Wir würden nicht so unbescheiden sein diese Bitte an Sie zu thun, wenn uns nicht die Beiträge, womit Sie den deut= schen Merkur und die Berliner Monatsschrift beschenkt haben, zu erkennen gäben, daß Sie diesen Weg Ihre Ideen zu verbreiten nicht ganz verschmähn. Das hier angekündigte Journal wird aller Wahrscheinlichkeit nach von einem ganz andern Publikum gelesen werden, als dasjenige ist, welches sich vom Geiste Ihrer Schriften nähret, und gewiß hat der Verfasser der Kritik auch diesem Publikum manches zu sagen, was nur Er mit diesem Erfolge sagen kann. Möchte es Ihnen gefallen in einer freien Stunde sich unsrer zu erinnern und dieser neuen literarischen Societät, durch welchen sparsamen Antheil es auch sein mag, das Siegel Ihrer Billigung aufzudrücken.

Ich kann diese Gelegenheit nicht vorbei gehen lassen ohne Ihnen, verehrungswürdiger Mann, für die Aufmerksamkeit zu danken, deren Sie meine kleine Abhandlung gewürdigt, und für die Nachsicht, mit der Sie mich über meine Zweifel zurecht ge= wiesen haben. Bloß die Lebhaftigkeit meines Verlangens, die Resultate der von Ihnen gegründeten Sittenlehre einem Theil des Publikums annehmlich zu machen, der bis jetzt noch davor zu fliehen scheint, und der eifrige Wunsch, einen nicht unwürdigen Theil der Menschheit mit der Strenge Ihres Systems auszusöhnen, konnte mir auf einen Augenblick das Ansehen Ihres Gegners geben, wozu ich in der That sehr wenig Geschicklichkeit und noch weniger Neigung habe. Daß Sie die Gesinnung, mit der ich schrieb, nicht mißkannten, habe ich mit unendlicher Freude aus Ihrer An= merkung ersehen und dies ist hinreichend mich über die Mißdeu= tung[en] zu trösten, denen ich mich bei andern dadurch aus= gesetzt habe.

Nehmen Sie, vortreflicher Lehrer, schließlich noch die Ver= sicherung meines lebhaftesten Danks für das wohlthätige Licht an, das Sie in meinem Geist angezündet haben; eines Danks, der wie das Geschenk, auf das er sich gründet, ohne Grenzen und un= vergänglich ist.

Ihr aufrichtiger Verehrer

Fr. Schiller.

28.
Schiller an [Matthisson].

Jena, den 25. August 1794.

Gestern, mein hochgeschätzter Freund, habe ich die Recension Ihrer Gedichte den Herren Redacteuren der Literatur-Zeitung ein=

gehändigt und die Versprechung erhalten, daß solche unverzüglich abgedruckt werden soll. Mit dem Inhalt derselben werden Sie, wie ich mir schmeichle, nicht unzufrieden sein. Ich glaube versichern zu können, daß ich gegen Sie gerecht war, und mehr braucht es nicht um Ihr Lobredner zu werden.

Zugleich lege ich die Anzeige der Monatschrift bei, von der ich Ihnen schon bei Ihrer Durchreise sagte und die nun zu einer schönen und glänzenden Erfüllung reift. Goethe, Herder, Engel, Garve, Fichte, Gentz aus Berlin, Friedrich Jacobi und noch 4 bis 5 andere sind diesem Unternehmen schon beigetreten und ich habe Hoffnung auch noch Kant zu bekommen. Auf Sie, mein vortreflicher Freund, habe ich sehr gerechnet, und wenn Sie den guten Willen, den ich Ihnen bei der Recension Ihrer Gedichte zu zeigen suchte, belohnen wollen, so können Sie es nicht besser und weder für mich noch für das Publikum vortheilhafter thun, als durch einen recht großen und thätigen Antheil an den Horen. Diese werden nun so mehr gewinnen, wenn Sie auf den Wunsch, den ich mir in der Recension entfallen ließ, einige Rücksicht nehmen wollen; denn alsdann können wir hoffen, daß Ihre Muse sich vielleicht in einem etwas größeren Ganzen versuchen wird.

Außer diesem literarischen Anliegen habe ich Ihnen noch ein anderes vorzutragen. Man ist in mich gedrungen, einen Musenalmanach herauszugeben, und ich gedenke noch zu Ende des laufenden Jahres den Anfang damit zu machen. Auch zu dieser Sammlung, welche den Horen gar keinen Eintrag thun wird, habe ich schon mehrere vortreffliche Mitarbeiter und noch dazu solche, die noch nicht in Musenalmanachen aufgetreten sind. Ich verlasse mich aber vorzüglich auch auf Ihre Theilnehmung und lade Sie hiemit förmlich und inständigst dazu ein. Was aus Ihrer Feder fließt, wird mir willkommen sein. Der Contract mit dem Buchhändler setzt mich in den Stand, Ihnen 4 Friedrichsdor für den Bogen anzubieten.

Und nun, mein hochgeschätzter Freund in Apoll, lassen Sie mich bald die Gewährung dieses doppelten Wunsches von Ihnen erhalten und geben Sie mir zugleich Nachricht, wie Sie mit meinem Urtheil in der L. Z. zufrieden sind. An Herrn Füßli, der so gütig war mir ein sehr schönes Exemplar Ihrer Gedichte zu über= senden, bitte ich Sie meine verbindlichste Danksagung zu machen. Sollten Sie demselben bald schreiben, so ersuche ich Sie bei ihm anzufragen, ob nicht der erste Band vom Wielandischen Shakespeare, der den Lear enthält, noch einzeln zu bekommen ist. Ich habe diesen Theil verloren und nun ist das ganze Exemplar mir manc geworden.

Verzeihen Sie, daß ich Sie in Einem Briefe mit so vielen Bitten belästige und geben Sie mir bald Gelegenheit Ihnen durch Thaten die Achtung zu beweisen, mit der ich bin

Ihr ergebenster
Schiller.

29.
Schiller an Kant.

Jena, den 1. März 1795.

Verehrtester Herr Professor.

Ich habe Ihnen im vorigen Sommer den Plan zu einer Zeitschrift vorgelegt mit der Bitte irgend einigen Antheil an der= selben zu nehmen. Die Unternehmung ist zur Ausführung ge= kommen und ich lege Ihnen hier die zwei ersten Monatsstücke vor, herzlich wünschend, daß diese ersten Proben Sie geneigt machen möchten den vereinigten Wunsch unserer Societät zu erfüllen und unsere Schrift mit einem kleinen Beitrage zu beschenken.

Besonders wünschte ich, daß Sie die darin vorkommenden Briefe über die ästhetische Erziehung des Menschen, als zu deren Verfasser ich mich gegen Sie bekenne, Ihrer Prüfung werth finden möchten. Es sind dies die Früchte, die das Studium Ihrer Schriften bei mir getragen, und wie sehr würde es mir zur Auf= munterung gereichen, wenn ich hoffen könnte, daß Sie den Geist Ihrer Philosophie in dieser Anwendung derselben nicht vermissen.

Mit unbegrenzter Hochachtung verharre ich

Ihr aufrichtigster Verehrer
Fr. Schiller.

3

Charlotte v. Schiller an die Baronin Rosen.

à Madame la Baronne de Rosen née Baronne de Helwich
à Reval.

Weimar, den 1. December 1807.

Ich muß auf allen Wegen den Versuch machen Ihnen, theure unvergeßliche Freundin, Nachrichten von mir zu geben, die Ihre Theilnahme so freundlich von mir zu haben wünscht.

Im October erhielt ich durch den Herrn Kraft in Dresden einen Brief der theuren Frau von Helwich und da er sich erbot meine Antwort zu besorgen, so schrieb ich durch diesen Canal. Dieser Brief war auch an Sie gerichtet, an die lieben Schwestern, die eine der freundlichsten Erscheinungen sind, die das Schicksal mir zum Trost geben wollte, denn es ist eins der schönsten Gefühle der Glaube an Liebe und versöhnt mit so vielen Mißtönen, die die Harmonie des Lebens zertrümmern, daß Sie um mich mit so viel Liebe besorgt waren bei den traurigen Vorfällen, von denen wir Augenzeugen sein mußten, daß Sie für mich, für das liebste was mir das Schicksal verlieh, meine Kinder, besorgt waren und gern von uns wissen wollten. Das lohne Ihnen der Himmel. Ihren lieben Brief vom 7. habe ich auch richtig erhalten und fühle tief jeden Beweis Ihrer Theilnahme. Ich will nicht noch einmal auch Ihnen sagen, was ich voriges Jahr gelitten habe, was man leiden muß nur durch den Anblick so vieles Elends, welches der Krieg mit sich führt! — Das Leben hat für mich so schon Alles verlohren, was mich daran fesseln könnte, aber auch noch so viel Elend zu sehen, was sich Menschen unter einander zufügen, das verlöscht folgends ganz den Eindruck der Ruhe, die ich noch finden kann. Nur der Glaube an eine höhere Macht, die da, wo wir undurchdringliche Finsterniß ahnden, zum Beßren führt, kann uns eine Ruhe sein. Aber fragen möchte man immer, warum man gebohren werden muß um so vielen Schmerz zu er=

leben? und warum der Krieg in den Plan der Vorsehung gehört: der auf ganze Generationen so schreckliche Folgen mit sich führt. Ich preise Sie glücklich, theure Freundin, daß Sie nichts davon sahen und diese Eindrücke nicht in sich aufnehmen mußten.

Ich habe Ihrer Frau Schwester mitgetheilt, was ich von der Familie des Hofrath Meißners erfuhr; seine Angst und Sorgen, die ihm auch die Folgen des Kriegs hervorbringen mußten, haben vielleicht seine schwache Gesundheit auch zerrüttet. Daß seine Frau einige Wochen nach ihm starb, werden Sie auch wissen? Sein ältester Sohn, den ich voriges Jahr Gelegenheit zu sehen hatte, ist Arzt und hatte willens nach Prag zu gehen. Seitdem habe ich nichts von ihm gesehen. Die Frau von Neck, Ihre Landsmännin, die in einer langen Freundschaft mit Meißner lebte, hat gewiß sich des übrigen Theils seiner Familie angenommen, denn die Freunde des Verstorbenen haben sich in die Kinder getheilt.

Unser Arzt Harbauer ist in Paris vor der Hand; seine Verhältnisse und Existenz an dem Ort, wo er lebte, scheinen wohl aufgehoben; er war so glücklich dort und konnte viel nützen. Deswegen schmerzt mich die Ungewißheit seiner Lage noch mehr. Meinem Schwager, mit dem meine Schwester seit einigen Monden in Paris war, hat auch Harbauer das Leben gerettet. Er hatte Anfälle von Stickfluß, die schnelle Hülfe fordern. Wie ein guter Geist zeigt sich Harbauer mir und meiner Familie immer, wenn wir seine Hülfe brauchen. Voriges Jahr war er mehrere Tage in unserer Nähe. Er war freundlich und gutmüthig wie immer; er schrieb sich [die Adresse Ihrer] Frau Schwester auf, da ich eben einen Brief von ihr erhalten, [um ihr zu] schreiben. Sie wissen, daß er lieber hundert Meilen reisen könnte, [als einen] Brief schreiben. Wünschen Sie ihm Nachricht von sich zu geben, so senden Sie mir sie zu, denn ich hoffe doch ich werde immer wissen, wo er zu finden ist.

Meine Gesundheit ist nicht die beste, wenn das innere der Lebenskraft fehlt, der Muth zum Leben, so kann man auf keine Gesundheit rechnen. Aber jetzt leide ich viel an der Gicht, zumahl

3*

am Kopf; und da ist einem das Leben unter anhaltendem Weh=
sein erst recht uninteressant. — Die liebsten Beschäftigungen wer=
den einem verbittert, auch selbst die angenehmste Sorge ist Last.
Auch meine Kinder leiden an katarrhalischen Zufällen, doch hindert
es ihre Fortschritte nicht. Ich hoffe, sie haben das Glück ihre
Anlagen so vielseitig wie möglich auszubilden und werden mir die
Hoffnung leisten des Namens und Andenkens ihres geliebten Vaters
sich werth zu zeigen.

Ich hoffe Ihre kleine, liebliche Karoline giebt Ihnen alle
Freuden, die Sie als eine zärtlich liebende Mutter zu erwarten
das Recht haben. Meine gute Mutter, die eben hier ist um den
Sohn meiner Schwester zu pflegen, wünscht sehr Ihrem Andenken
empfohlen zu sein. Sie sind uns immer eine freundliche Erinnerung.

Empfehlen Sie mich Ihrem Herrn Gemahl. Der Himmel
sei Ihnen hold, liebe, theure Schwestern und gebe Ihnen Freuden.
Mir erhalten Sie Ihr Andenken, Ihre Liebe und sagen es mir
zuweilen.

Ihre
Charlotte von Schiller.

Aus Morgensterns Tagebüchern.

Diese Tagebücher sind nicht sehr ordentlich geführt, bestehen meistens aus einzelnen, zusammenhangslosen Notizen und sind nur hie und da anziehend. Ueberdies haben sie zweifelhaften Werth, weil nicht alle Notizen damals erhaltene Eindrücke und Nachrichten wiedergeben; es sind auch von späterer Hand und Tinte Zusätze aus lange nachher erschienener Schriften darin zu finden. Auf diese Weise sind besonders die zwei Bände Reiseberichte 1827 und 1828 gradezu unbrauchbar gemacht. Hier folgen Stücke aus dem Jahre 1808, für welche auch nicht unbedingt Gewähr geleistet wird.

Löbbichau 27. Sept. 1808.

In Morgenstunden blätterte und las ich in der Neuen Ausgabe von Goethes Werken, welche die Herzogin [Dorothea von Kurland, welche nebst ihren Schwestern Morgenstern in Löbichau besuchte] aus ihrer Handbibliothek (für die sie selbst sorgt) mir lieh. — — — Im 8. Bande ist der nun vollendete Faust, in welchem ich las, der Epilog zu Schillers Glocke und die Geheimnisse; vor letzteren ist jetzt die Zueignung [Der Morgen kam], die sonst an der Spitze der Werke stand, vorgesetzt und ohne Abschnitt, als gehörte sie dazu. Ich fragte Goethen selbst darum in Weimar, ob dies etwa ein zufälliges Versehen. Er schien das doch zu verneinen. Meines Bedünkens wäre aber die Zueignung besser an der Spitze der Werke geblieben.

In der That beginnen Band 8 p. 357 die „Geheimnisse" mit den 14 Strophen der „Zueignung", an welche sich ohne Absatz die „Geheimnisse" anschließen. Ich habe diese Anordnung der Ausgabe von 1808 nirgends erwähnt gefunden. Morgenstern erzählt aus den Tagen des Erfurter Congresses, wo er sich seit dem 1. October „in der Suite" des Kaisers Alexander befand:

Wieland behauptete überall sein freimüthiges, kindliches, rücksichts=
loses Wesen. Ich hörte ihn zu einem franzöf. Offizier, der von
ihm enthusiastisches Einstimmen in das Lob der franzöf. Tragödie
zu erwarten schien: Si j'étais français, je le trouverais fort beau.

[Morgenstern erzählt von Weimar:]

Am folgenden Morgen (8. October) [1808] reiste Falk mit
Wolfs [Pius Alex. und Amalie] wieder nach Erfurt. Ich war noch
einige Augenblicke bei ihm; dann ging ich auf die Bibliothek.
Oben auf der Treppe begegnete ich dem Geh. Rath v. Goethe.
Wir sprachen einige Minuten zusammen über das franzöf. Theater
u. s. w. Ich hatte ihn schon in Erfurt beim Präsid. v. d. Recke
gesprochen; und da er am folgenden Tage dort eine Karte für
mich abgegeben hatte, worin er um die zwei aus Löbichau für ihn
mitgebrachten Briefe des Fräulein Knabenau [Gesellschafterin der
Herzogin von Kurland] und der Mlle. Stock [die damals bei der Herzogin
zum Besuch war, Körners Schwägerin] bat, so hatte ich ihn bald dar=
auf eines Morgens mit Falk im Gasthof (der Schleedorn) besucht,
wo er etwa ¾ Stunde sehr interessant sprach über deutschen Geist,
im südlichen Deutschland zumal, und manches Andere, das ich
leider nicht angemerkt habe. Er sprach mit der Milde, Ruhe,
Klarheit und Natürlichkeit des großen Geistes; zugleich vertraulich,
zumal da Falk, den er genau kennt, dabey war.

Vor kurzem [13. September 1808] war seine herrliche Mutter
in Frankfurt gestorben. Seine Frau reiste zur Besorgung der
Erbschaft dahin. Erzählungen von Goethes Mutter in Königs=
berg von Nicolovius, in Weimar von Falk, Madame Schopenhauer
und in einem Briefe aus Frankfurt: sie liebte Zweckmäßigkeit und
Einfalt in allem. Darum hatte sie ihr Haus verkauft, aber mit
der Bedingung Zeitlebens darin zu wohnen. Sie hatte nur eine
Magd [das Lieschen.] — Ihre Freude und ihr Stolz über den
Sohn. Nach Weimar zog er sie vielleicht nicht, auch nicht zum
Besuch, wegen ihres platten Frankfurter Dialects[!].

Sie verschmähte die Freuden des Lebens nicht, schmückte sich noch in spätern Jahren. Gesunder Verstand in allem, was sie that. —

Der Jüngling Goethe lief einmal Schlittschuh. Die Mutter hielt in einem Schlitten mit einem Pelz in der Nähe. Goethe fuhr mit den Schlittschuhen heran. Ihn fror. „Gebe mir die Frau Mutter ihren Pelz!" Und da gab sie ihm den Pelz und er fuhr, den Pelz der Mutter über die Schultern mit geflügeltem Fuß hin. Und die Mutter freute sich des Apolls von Sohn. [Diese Geschichte steht bei Falk G. aus persönl. Umg. p. 5 und ist auch von Bettina aufgeputzt Briefw. G's. mit einem Kinde 2 p. 260.] Die Matrone wollte sich anfangs nicht zu Bette legen. Endlich mußte sie. Sie lag nur ein Paar Tage im Bett. Kurz vor ihrem Tode richtete sie sich auf: „Kinder, weint nicht um mich, Ich habe das Leben genossen. Ich sterbe." Sie wandte sich um und war todt.

Weimar, den 14. October 1808.

— — Die guten Leute in Weimar erinnerten sich, bei aller Heiterkeit dieses Tages, nicht ohne verhaltenen Schmerz desselben Tages vor zwei Jahren: des großen Schlachttages. Es war damals auch gerade ein schöner Herbsttag: die Vögel zwitscherten lieblich im Laube und auf einmal der Kanonendonner und dann alle Greuel einer warm vom Schlachtfelde kommenden siegreichen Armee. — — —

Gegen Mittag war ich eine kurze Weile bei Geh. R. von Goethe. An der Hausschwelle bemerkte ich das Salve nicht; aber auf einem Teppich beim Entrée-Zimmer oben. Gespräch über Jacobi und Joh. Müller, die er grüßen läßt; über Klinger: Klinger würde sich, meint er, in Deutschland jetzt nicht gefallen, weil er hinter der Zeit in Manchem zurückgeblieben sei. Ueber gewisse Dinge spreche man gar nicht mehr, die seien aus- und abgemacht. — — —

Seine Frau war neulich in Frankfurt. Durch Anspruchslosigkeit gefällt sie; z. B. auf die Geheimräthin giebt sie nichts.

Ganz unbefangen sprach sie von der Gesellschaft, die Goethe wöchentlich in seinem Hause hat, wo die Herzogin hinkommt (zur Lectüre). „Da bin ich denn natürlich nicht zugegen", sagt sie. — Ich weiß nicht, sagte Goethe ihr öfter, was Du des Morgens so früh zu schaffen hast. „Du wirst es wohl einmal sehn, wenn ich nicht da bin," sagte sie. Jetzt, als sie in Frankfurt abwesend war, bat er sie dringend um baldige Rückkehr; er sehe nun wohl, was sie des Morgens zu schaffen habe ꝛc. Es würde zu bedauern sein, wenn er sie je verlöre ꝛc. Das mag Alles wahr sein. Es beweist nur, daß Goethe sich eine taugliche Hausfrau geschafft hat, die ihm manche Mühe abnimmt, ihm, der sich nicht gern genirt. Wenigstens leuchtet auch hier der gesunde Verstand des Mannes hervor.

Die alte Goethe war nur wenige Tage krank. Es war eine Frau von seltenen Geistesgaben. Die Frau Schöff Schlosser war bei ihrem Tode zugegen.

Der Schöff Schlosser war ein Bruder des Emmendinger, die Frau also eine Schwägerin von Cornelie Schlosser.

Anmerkungen.

Karl [von] Morgenstern war geboren zu Magdeburg 1770, studirte seit 1788 zu Halle unter Wolf und Eberhard, ward daselbst Privatdocent und 1797 außerordentlicher Professor der klassischen Philologie. In diesen Jahren lebte er in freundschaftlichem Verkehr mit dem bekannten Danziger Joh. Dan. Falk, welcher 1792—1795 in Halle studirte und die Universität verließ, wie es scheint, um einer stillen Liebe zu folgen. (Wenigstens leugnet er damals hartnäckig, daß er irgend Absichten auf seine spätere Frau habe und deshalb weggegangen sei.) Falk besuchte Weimar und

Gotha und ließ sich nach manchem Hin= und Herzuge endlich, nachdem er sich 1797 verheirathet, in Weimar nieder. Morgen= stern ward 1798 nach Danzig berufen als Professor der Beredt= samkeit am dortigen Athenäum; als aber die Aufforderung an ihn erging an die neu errichtete Universität Dorpat als Professor der klassischen Philologie und Literaturgeschichte zu kommen, folgte er diesem Rufe Ende 1802. Von Dorpat aus unternahm er Reisen 1808 und 1809 durch Deutschland und Italien, 1827 u. 1828 durch Deutschland und Frankreich. Auf der ersten Reise hatte er mehrmal Gelegenheit Personen, die er vor seiner Uebersiedelung kennen gelernt hatte, wieder zu sehen: außer Falk und Böttiger, denen er näher stand, besonders Goethe und Wieland; Joh. Müller lernte er jetzt persönlich kennen. Nach dieser Reise hörte der Briefverkehr mit Deutschland immer mehr auf. Am 3./15. Mai 1844 feierte er in Dorpat sein funfzigjähriges Doctorjubiläum. Gestorben ist er ebendaselbst 1852. Seine reichhaltige, der Uni= versitätsbibliothek zu Dorpat geschenkte Büchersammlung und die gewissenhaft geordnete Correspondenz beweisen, daß Morgenstern bis zum Ende seines Lebens lebhaft Theil genommen hat an der glänzenden Entwicklung geistigen Lebens in Deutschland, welche er namentlich in dem letzten Jahrzehnt des vorigen und dem ersten dieses Jahrhunderts durch einen ausgebreiteten Briefverkehr zu verfolgen vermochte.

1. 2. 3. Originale in Morgensterns Nachlaß.

Diese drei Briefe sind schon gedruckt in der wenig verbreite= ten Festrede Morgensterns: Auch ein Vortrag An der Festtafel Eines funfzigjährigen Doctorjubiläums, Dorpat den 15./3. Juni 1844. Gedruckt als Handschrift für Freunde. Dorpat, Laakmann.

In dieser Rede heißt es p. 10: „ich brachte am Ende, etwa ein Jahr nach meiner Promotion, es dahin, daß ich unter dem 14. Aug. 1795 ein Sendschreiben von Kant selbst mit der Post empfing, das so lautete: [Nr. 3]." Nun theilt Morgenstern Schillers Brief [Nr. 2] und endlich p. 11 Goethes Zuschrift [Nr. 1] mit; dann sagt er weiter: „Auch später hat der Unvergleichliche meine Schrift über Winkelmann zufällig auf einer Reise, wie Er selbst mir mündlich mittheilte, mit besonderem Interesse gelesen; von der Reise in Italien aber eine laut anerkennende Recension in Verbindung mit seinem Freunde H. Meyer unter der bekann= ten Firma W. K. F. der jenaischen Allgem. Literat. Zeit. ein= verleiben lassen." —

Goethes Brief ist dictirt; nur die Unterschrift von ihm selbst. Schiller und Kant haben eigenhändig geschrieben. Auch alle folgenden Briefe sind authentisch. — Morgenstern hatte den Dreien seine Commentationes tres de Platonis republica. Halis Sax. 1794 8" geschickt. — F. A. Wolf war, wie es scheint, im Frühjahr 1795 in Weimar. — Schillers späteres Urtheil über Morgenstern nach persönlicher Bekanntschaft steht im Briefe an Goethe 8. Mai 1798 zu lesen: „Einen Herrn Professor Morgenstern aus Halle, der neulich hier war, haben Sie bei sich gehabt, wie mir meine Frau sagt. Dieß ist eine Woltmann ähnliche Natur, auch so kokett und elegant in seinen Begriffen, und der die philosophisch kritische Currentmünze ganz gut inne hat." Diese Offenheit hat Goethe, den Morgenstern 1827 noch besucht hatte, doch nicht Lust gehabt 1829 mitzutheilen, obgleich er nichts dagegen gehabt haben mag. Die Stelle steht noch nicht in Goethes Ausgabe des Briefwechsels. Wohl aber liest man schon dort die auch auf diesen Besuch bezügliche Antwort vom 9. Mai 1798: „Den Verlust der vergangenen Tage konnten mir nur die Ifflandischen Abende ersetzen. Es ist übrigens für unser einen mit der Gesellschaft immer eine traurige Sache, man erfährt was, aber man lernt nichts, und was wir am meisten, ja einzig brauchen: Stimmung wird nicht gegeben, vielmehr zerstört."

4. Original in Morgensterns Nachlaß. — Falks Satiren „Die heiligen Gräber zu Rom und die Gebete" stehen im Göttinger Mus. Alm. f. 1796 p. 91—115. — An Wieland gab Falk seine Satiren „Der Mensch und die Helden" Merkur 1794. Stück 4 p. 362—386. — Die „Jungen" geht wohl auf die beiden Schlegel. — Goethes Wilh. Meister Thl. 1—3. 1795. Thl. 4. 1796. — Die „massiven dorischen Säulen" scheinen zum Tempelherren-Hause im Weimarischen Park zu gehören (nach dem Plane von Weimar in: A. Schöll Weimars Merkwürdigkeiten einst und jetzt. 1847).

5. Original in Morgensterns Nachlaß. — Wieland machte im Mai 1796 bis in den Herbst eine Reise durch Süddeutschland in die Schweiz. Ueberall wurde er enthusiastisch aufgenommen. Doch kann sich dieser Brief auf einen späteren Besuch in Gotha beziehen. Grubers Biographie giebt über dergleichen Kleinigkeiten keinen Aufschluß.

6. Original in Morgensterns Nachlaß. — Das Gespräch ist verdächtig, die Einleitung desselben unklar.

7. Original in Morgensterns Nachlaß. — Dyk erwähnt nirgends in den Briefen an M. den Xenienalmanach selbst; wahrscheinlich kannte er Morgensterns unumwundene Bewunderung Goethes. Freilich kann sich Dyk nicht enthalten auf die Gegenbewegung aufmerksam zu machen. Morgenstern scheint aber nicht darauf geachtet zu haben. Er wird sich wohl eben so loyal benommen haben wie Wolf und Eberhard. [Goethe-Schiller Briefwechsel 2. Novbr. 1796 Nr. 240].

8. Original in Morgensterns Nachlaß. — Die Titel der bekannten Antixenienschriften lauten: Anhang zu Schillers Musenalmanach für das Jahr 1797 von Friedrich Nicolai. Berlin und Stettin 1797. — [Mag. Voigt] Verlocken an den Schillerschen Musenalmanach auf d. J. 1797. Jena und Weimar [Weißenfels]. — Dyks dritte Frage bezieht sich auf die angeblichen Druckorte der Verlocken; er scheint Falk in Verdacht zu haben.

9. Original in Morgensterns Nachlaß. — Zwei ältere Scenen aus dem Jahrmarkt von Plundersweilern (dessen Hauptbestand 1774 schon gedruckt war) erschienen erst 1842 im 57 Bande der Nachgelassenen Werke. Auf diese Scenen wird sich wohl Falks Indiscretion beziehen; oder auf das „Neueste von Plundersweilern" Weihnachten 1781, einen Vorspuk der Xenien (Goedeke Grundriß p. 763). — Der Inhalt dieses Briefes sieht ganz nach Böttiger und Falk aus und rechtfertigt Goethes und Schillers Mißtrauen gegen Freund Ubique. — Falks „Kupfer" müssen sich im Taschenbuch für 1797 finden.

10. Original in Morgensterns Nachlaß. — Gemeint sind die bekannten Schriften: Mückenalmanach für d. J. 1797. Leben, Thaten, Meinungen, Schicksale und letztes Ende der Xenien im Jahre 1797. Pest [Neustrelitz ist der Druckort des „tollen Opus"]. — [Chr. F. Fulda] Trogalien zur Verdauung der Xenien. Kochstädt, zu finden in der Speisekammer. 1797. — Dyk hat wahrscheinlich den Namen des Verf. der Verlocken schon erfahren. Sein „noch" bezieht sich auf seine im Bunde mit Manso verfaßte hämische Entgegnung: Gegengeschenke an die Sudelköche zu Jena und Weimar, von einigen dankbaren Gästen. 1797. — Man sieht wie klug Goethes Rath war an Schiller 15. Novbr. u. 7. Decbr. 1796. Goethes und Schillers Urtheile über Dyk und Manso sind zu finden in den Briefen vom 5. Decemb., 6. Decemb., 7. Decemb. 1796. Nr. 251. 252. 253 der dritten Auflage.

11. Original in Morgensterns Nachlaß. — Falks Taschenbuch für 1798. — Der letzte Satz ist ein Zeugniß für Morgen-

sterns Tact. Er hat in Jahr und Tag nichts über die „Gegen=
geschenke" geäußert.

12. Original in Morgensterns Nachlaß. — Falk schreibt
consequent Klopfstock, was Morgenstern ebenso beharrlich corrigirt.
Dieser für den künftigen Lobredner Goethes charakteristische Brief
ist bis auf den persönlichen Schluß ganz mitgetheilt. In Falks
Taschenbuch für 1798 stehen p. 55 „Reisen zu Wasser und zu
Lande von Scaramuz" und p. 113 „Sonnenklarer Beweis einer
neuen und furchtbaren Propaganda in Deutschland für den Muha=
medismus." Die „heiligen Gräber zu Rom" erschienen 1799 in
neuer Auflage. Wem fallen nicht bei Falks Klagen die bekannten
Worte Wagners ein: Ach Gott! die Kunst ist lang, Und kurz ist
unser Leben u. s. w.?

13. 14. Originale in Morgensterns Nachlaß. — Wieland
hatte damals von seinen sechs Töchtern fünf verheirathet; von seinen
Schwiegersöhnen waren Schorcht und Liebeskind schon gestorben
(die Wittwen lebten beim Vater), Reinhold, Gesner und Stichling
lebten noch. — Morgenstern siedelte eben nach Danzig über. 1797
war erschienen ,ein: Entwurf von Platon's Leben A. d. Engl.
mit Zusätzen von K. M.

15. Original in Morgensterns Nachlaß. — Wallensteins
Lager ward am 18. October 1798 mit dem Prologe aufgeführt;
die theatralischen Wintervorstellungen und das renovirte Theater=
gebäude wurden damit eröffnet. — Schiller schreibt schon am
30. Sept. an Körner: „das Stück selbst habe ich nun, nach reifer
Ueberlegung und vielen Conferenzen mit Goethe in zwei Stücke
getrennt. — — Das dritte Stück heißt Wallenstein und ist eine
eigentliche, vollständige Tragödie: die Piccolomini können nur ein
Schauspiel, der Prolog ein Lustspiel heißen." Gegeben wurden
die Piccolomini erst am 30. Januar 1799; der große Falk aber
vermochte das „kleine" Stück schon vom Hörensagen her zu be=
urtheilen. Schiller hatte seit dem Herbst 1796 an der Trilogie
gearbeitet.

16. Original in Morgensterns Nachlaß. — Wieland war
Ende April 1797 in Osmannstädt eingezogen. Von seinen Töch=
tern waren wohl nur die beiden Wittwen und die jüngste an=
wesend; vielleicht auch Julie, an Stichling in Weimar verheirathet.
— Der Mohamet ward am 30. Januar 1800 aufgeführt; Schillers
projectirter Prolog nachher erst vollendet. — Goethes Plan war
seine naturwissenschaftlichen Studien in ein Lehrgedicht zu ver=
arbeiten. — Goethe dachte an eine Achilleis schon seit 1797; er

beschäftigte sich mit derselben 1799. Das vorhandene Bruchstück erschien 1808. — Mit den „beiden neuesten Stücken" meint Falk die Piccolomini und Wallensteins Tod (20. April 1799 zum ersten Mal aufgeführt), denn Maria Stuart war noch nicht fertig. Ueber die erste Vorstellung von Wallensteins Tod schreibt Schiller an Körner 8. Mai 1799: „Der W. hat auf dem Theater in Weimar eine außerordentliche Wirkung gemacht und auch die Unempfind= lichsten mit sich fortgerissen Es war darüber nur Eine Stimme und in den nächsten acht Tagen ward von nichts Anderem ge= sprochen." — Es ist schwer zu sagen, was Falk meint, daß Schiller nur andeute; an die Frauen des Wallenstein kann er nicht gedacht haben und Fr. Schlegels Formlosigkeit konnte er Schiller nicht vorwerfen. Er hat gewiß nur lästern wollen.

17. Original in Morgensterns Nachlaß. — Reise auf den Brocken; eine Geschichte am Ende des philosoph. Jahrhunderts. 3 Theile. Leipzig. Dyk. 1801. — Fichte die Bestimmung des Menschen. Berlin 1800. — Joh. Andr. de Luc Lettres sur le christianisme Berl. 1800. Lettres sur l'éducation réligieuse de l'enfance. Berl. 1800.

18. Original in Morgensterns Nachlaß. — Diese baltische Frequenz rechtfertigte die Stiftung der Universität Dorpat 1802.

19. Original in Morgensterns Nachlaß. — Ösmannstädt wurde ganz verkauft im April 1803. Doch gestattete der neue Besitzer, Kuhn, daß Wieland dort neben seiner Gattin bestattet wurde.

20. Original in Morgensterns Nachlaß

21. Original in einer Autographensammlung, welche der Director des Münzkabinets in Petersburg, Herr von Schardius, der Dorpater Universitätsbibliothek 1856 geschenkt hat. Der Brief wurde zuerst veröffentlicht in der Dörptschen Zeitung vom 9. Dec. 1872. Nr. 286. — Gust Friedr. Wilh. Großmann, geboren zu Berlin 1746, seit 1779 in Bonn beim Kurf. von Köln als Schau= spieldirector angestellt. — Seine Frau Karol. Sophie Aug., geb. Hartmann aus Gotha, verwittwete Flittner, geb. zu Gotha 1752, blieb auch 1784, als Großmann die Mainz=Frankfurter Truppe organisirte, in Bonn, wo sie im selben Jahr starb. — Ihre Tochter aus erster Ehe, Friederike Flittner, geb. 1760, betrat 1777 zuerst die Bühne und blieb bei ihrem Stiefvater in Bonn, seit 1784 in Mainz=Frankfurt als Unzelmanns Frau, ging mit diesem 1788 nach Berlin, wurde von ihm geschieden 1803, heirathete den Schau= spieler Bethmann und starb 1815. — Diese berühmte Schau=

spielerin ist im Briefe erwähnt. Letzterer Umstand ist entscheidend und beweist, daß der Brief an Großmann gerichtet ist, mit dem Frau Rath in Correspondenz stand (R. Keil, Frau Rath. Leipz. 1871. p. 191 im Brief vom 1. März 1783), ehe derselbe die neue Mainz-Frankfurter Bühne errichtete. Lotte und Hans Wolf sind wahrscheinlich Kinder Großmanns. — Hofrath Tabor über- nahm 1787 selbst die Leitung der Großmannschen Truppe in Mainz-Frankfurt. — Die übrigen unwesentlichen Beziehungen zu ermitteln ist mir nicht gelungen. — Frau Rath hatte, wie dieser Brief zeigt, schon vor Unzelmann pecuniäre Beziehungen zu den Schauspielern, welche zeitweilig in Frankfurt auftraten; es ist bis jetzt nicht bekannt gewesen, daß dies schon vor dem Tode ihres Mannes, 27. Mai 1782, der Fall war.

22. Original in der Autographensammlung, eigenhändig. Zuerst abgedruckt in der Dörptschen Zeitung v. 16. December 1872. Nr. 292. — Karl August schreibt am 4. März 1816 an Goethe: „Erzeige mir den Gefallen, Döbereiner aufzugeben, daß er mir schreibe, wie Steinkohlentheer gemacht werde." (Vogel, Goethe in amtlichen Verhältnissen Jena 1834. p. 177). — Wie Goethe für das chemische Laboratorium und Döbereiners Bequem- lichkeit besorgt war, ist aus den Actenstücken bei Vogel Goethe in amtl. Verh. p. 16. 21. ersichtlich.

23. Original, eine Visitenkarte mit Goethes Schrift, in der Autographensammlung. Zuerst abgedruckt in der Dörptschen Zeitung v. 16. Decemb. 1872. Nr. 292. — Auf der Rückseite steht mit Bleistift geschrieben: écrit de la main de Goethe — sur la poète Werner présent de Madame d'Edling. — Gegen die Beziehung ist nichts einzuwenden. Die Gräfin Edeling (Goethe u. Karl August schreiben Edling s. Vogel Goethe in amtl. Nach. p. 176. Goethes Briefe an Voigt herausgeg. v. O. Jahn. Leipz. 1868. p. 349), eine geborene Sturzda, hatte einen Bruder in Petersburg, der Staatsrath war. Graf Edeling war Hofmarschall und jener Nebenintendant, welcher, Goethen „zum Gehülfen" in der Leitung des Theaters gegeben, den bekannten Pudel zulassen mußte. Uebrigens scheint Goethe so wenig ihm, dem Werkzeuge, als Karl August, dem Anstifter des Unheils, das Ereigniß lange nachgetragen zu haben, wenn er sich auch vom Theater ganz zurückzog. Demnach kann das Billet zwischen 1813 und 1820 geschrieben sein, wo Zach. Werner auch auf der Bahn des roman- tischen Katholizismus „immer dieselbe geistreiche Carricatur" blieb.

24. Original in der Autographensammlung, eigenhändig. Zuerst abgedruckt in der Dörptschen Zeitung v. 16. Decbr. 1872 Nr. 292. — Dieser flüchtig geschriebene Geschäftszettel ist wahrscheinlich an Voigt († 22. März 1819) gerichtet; dahin paßt die volle Titulatur u. zugleich die geschäftliche Kürze ohne Abschlußworte. Oder sollte Goethe den Grafen Edeling, den er allerdings als Gehülfen ignorirte, so kurz abgefertigt haben? Die Nachbarschaft von Nr. 23 ließe diesen Verdacht wohl aufkommen.

25. Original in der Autographensammlung, eigenhändig. Zuerst abgedruckt in der Dörptschen Zeitung v. 16. Decbr. 1872 Nr. 292. — Da der Brief undatirt ist, so wird seine nähere Bestimmung sehr mißlich. Ottilie von Pogwisch stammte aus Danzig.

26. Original nicht verglichen. Es befindet sich im Pleskauschen Gouvernement im Besitz eines Advokaten. Ein russischer Herr, der Anfang dieses Jahrhunderts längere Zeit in Deutschland gelebt, hat seinen Nachlaß einer 1867 noch lebenden uralten Haushälterin vermacht; diese hat den Brief nebst anderen Papieren dem erwähnten Advokaten übergeben, da sie den Werth derselben gekannt zu haben scheint. Ein pleskauscher Arzt hat die von mir benutzte Kopie Herrn Riemschneider (damals in Dorpat) übersandt und letzterer hat den Brief in der Dörptschen Zeitung 1867 Nr. 296 vom 23. December abdrucken lassen. —

Der Brief kann sehr wohl echt sein; die Handschrift muß das entscheiden lassen. Er ist an Christophine Schiller, des Dichters ältere Schwester, geb. 1757, gerichtet; wenn die Copie richtig ist, was soll das E. vor dem Datum bedeuten? Ist es im Original ein O? Schiller war seit Ende September in Sachsenhausen, später in Oggersheim, von wo er Mutter und Schwester zum 22. November in das Posthaus zu Bretten bestellte. Seine Rathlosigkeit ist begreiflich, da Heribert v. Dalberg, der ihn allein in Mannheim unterstützen konnte, auf seine Bitte um einen Vorschuß auf den Fiesco nicht antwortete. Erst als Schiller Ende November wieder nach Mannheim kam, äußerte sich Dalberg, aber ablehnend. Sachlich ist der Brief also vollkommen in Uebereinstimmung mit den bekanntesten Thatsachen. Auch die Sprache ist durchaus unverdächtig. Es ist die Rhetorik der beiden ersten Perioden, durch welche die unbehagliche Verlegenheit des Augenblickes schimmert; indem der Dichter in ungezwungener Hoffnung zu lächeln scheint, lesen wir zwischen den Zeilen das Geständniß jener

Enttäuschung, welche sich noch manchesmal in des Dichters Leben wiederholte.

27. Original in einem der zwei Bände, „Briefe an Kant" betitelt, in denen die ganze Original=Correspondenz Kant's durch seinen Schüler Jäsche aufbewahrt ist; sie ist von Morgenstern der Dorpater Universitätsbibliothek geschenkt. Gedruckt ist dieser Brief in Morgensterns: Joh. Müller oder Plan im Leben nebst Plan im Lesen und Von den Grenzen weiblicher Bildung Drei Reden. Leipzig, Göschen. 1808. — Am selben Tage begann Schiller fast mit denselben Worten seinen bekannten ersten Brief an Goethe. — Die „kleine Abhandlung" ist eine aus der neuen Thalia 1792 1793.

28. Original in der Autographensammlung. — Die Adresse habe ich geschlossen aus Schillers Briefen an Goethe v. 7. Sept. 1794 (: „vielleicht interessirt Sie eine Recension über Matthisson's Gedichte in der A. L. Z. die in dieser Woche wird ausgegeben werden") und an Körner von demselben Tage („hier — die Re= cension von Matthisson"), sowie aus der Recension selbst in der Jenaischen Literatur=Zeitung Donnerstag d. 11. September 1794. p. 666. und endlich aus der Erwähnung Füeßli's in Zürich, bei dem die grade recensirte dritte Auflage von Matthissons Gedichten 1794 erschienen war. Ebenda war auch Wielands Shakespeare= Uebersetzung 1762—66 in acht Bänden herausgegeben. — Die Hoffnung, daß Kant zusagen werde, gründet sich auf den zweiten Versuch, den Schiller mit dem folgenden Briefe machte.

29. Original in der Correspondenz Kants wie Nr. 27. Auch ebendaselbst abgedruckt, wie 27. — In den ersten Heften der Horen standen Schillers Briefe über die ästhetische Erziehung des Menschen.

30. Original in der Autographensammlung. — Die Klagen sind ganz gerechtfertigt; denn Weimar hatte nach der nahen Schlacht vom 14. Oct. 1806 noch Monate lang zu leiden, da Napoleon einen ganz besonderen Zorn gegen des Herzogs Land zur Schau trug. Ueberdies war Schillers Wittwe seit dessen Tode äußerst rathlos. — Die Baronin Rosen, Besitzerin von Werder, war von ihrem Vater, dem Herrn von Helwig, her mit Schiller und den Seinen bekannt. Sie ist hochbejahrt in Reval verstorben. — Der Name des Arztes ist nach der undeutlichen Handschrift durch Ver= muthung hergestellt.

Eine von Goethe nur unterschriebene zierliche Abschrift des Gedichtes „Trauerloge 1816" (An dem öden Strand des Lebens) befindet sich in der Autographensammlung.

Endlich sei hier noch zugefügt ein Brief Goethes, der schon zweimal in der Dörptschen Zeitung v. 6. October 1870 Nr. 231 und v. 6. Januar 1873 Nr. 5 abgedruckt ist, dessen Original, im Besitze des Herrn Staatsraths Dr. Beise hierselbst, mir vom Besitzer zum abermaligen Vergleiche mit freundlichster Bereitwilligkeit vorgezeigt ist; derselbe ist dictirt und von Goethe unterschrieben

31.

Goethe an [Steinhäuser in Plauen].

Weimar, den 10. März 1800.

Ew. Hochedelgeboren

haben mir durch die baldige Uebersendung eines elastischen Hufeisens ein besonderes Vergnügen gemacht; denn es ist immer eine angenehme Empfindung, eine Idee, die man gefaßt hat, einigermaßen realisirt zu sehen.

Wenn ein armirter Magnet, oder ein gewöhnliches Hufeisen, durch den unten quer vorgelegten kleinen eisernen Stab, als in sich selber abgeschlossen anzusehen ist, wenn man diesen Apparat nunmehr als einen physischen Ring betrachten kann, welcher verhältnißmäßig nur durch starke Kraft zerrißen wird, so sollten die Enden der beyden Schenkel des elastischen Hufeisens weniger tragen, wenn man sie zusammendrückt, als wenn sie offen stehen; denn in jenem Fall wird der physisch verlangte Ring schon mechanisch geschlossen und das Streben der beyden Pole gegen einander, durch welches der vorgelegte kleine eiserne Stab, als ein Vermittler, so fest mit beyden verbunden wird, ist durch die Operation des Zusammendrückens, schon bis auf einen gewissen Grad befriedigt.

Solches Resultat gaben auch die flüchtigen Versuche, die ich bisher anstellen konnte. Das zusammengedrückte Hufeisen trägt nicht die Hälfte dessen, was es aufgesperrt tragen kann. Der Bezug beyder Pole auf sich selbst ist befriedigt; nur dauert die Wirkung nach außen, wie bey anderen magnetischen Erscheinungen geschieht, auch noch in diesem Falle fort.

Vielleicht hätten Sie nunmehr die Gefälligkeit ein größeres dergleichen Hufeisen fertigen zu lassen? Wenn man es auch nur so weit brächte, daß die beyden Pole, indem man sie an einander drückt, sich fest hielten, welches doch insofern möglich scheint, als die magnetische Kraft sich beym Contact am schärfsten äußert.

Wollten Sie mir indessen sechs Stäbe mit einander verbunden, daß sie die Stelle eines großen Hufeisens vertreten und sich auch einzeln als Stäbe gebrauchen lassen, zusammen vier Pfund schwer, übersenden? Ich würde den Betrag dafür sogleich entrichten, wie ich hier die 2 Thaler für das elastische Hufeisen beylege.

Ihre Abhandlung über die Fossilien, die einer dauerhaften magnetischen Kraft fähig sind, habe ich zu meiner Belehrung wiederholt gelesen. Ich bitte mir die Erlaubniß aus, auch künftighin über diese Materien mich bei Ihnen Raths zu erholen.

Der ich recht wohl zu leben wünsche und Ew. Hochedelgeb. meiner besondern Hochachtung versichere.

J. W. v. Goethe.

Die Adresse habe ich dem Neuesten Verzeichniß einer Goethe-Bibliothek, August 1874 p. 164 entnommen.

Zum Schlusse kann ich nicht umhin dem Herrn Bibliothekar Kapp meinen wärmsten Dank auszusprechen für die zuvorkommende Gefälligkeit, durch welche er mich in Stand gesetzt hat, alle hier mitgetheilten Briefe und Notizen in den Originalen zu lesen und wiederholentlich zu vergleichen. Seiner Freundlichkeit habe ich es zu danken, wenn ich vielleicht später andere, noch unbekannte Briefe bedeutenden Inhaltes veröffentlichen kann.

Der Herausgeber.